AF259844

LES
IENFAITS DE L'EMPIRE

PAR

ALEXANDRE BRADIER

> Ce qui distingue spécialement le trône impérial, c'est qu'il est élevé par la Nation, qu'il est par conséquent naturel, et qu'il garantit tous les intérêts : c'est là le vrai caractère de la légitimité.
>
> NAPOLÉON Ier

SIXIÈME ÉDITION

PARIS

IMPRIMERIE LEFEBVRE FILS

Passage du Caire, 87-89

1885

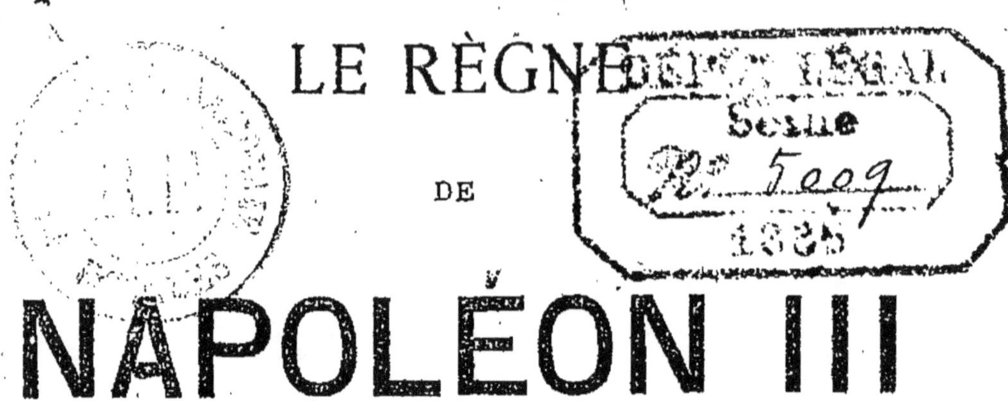

LE RÈGNE

DE

NAPOLÉON III

> En contemplant les faits sans passion, on peut dire que l'Empereur a donné à la France de la gloire et du travail.
>
> PRINCE NAPOLÉON.

En présence de ce règne si court en années et si long en grandes choses, disons mieux, en prodiges, on reste confondu d'admiration et d'étonnement. Et ce qui frappe davantage, c'est de voir l'abondance, le bien-être marcher de pair avec les dépenses les plus énormes que nécessitèrent les travaux de toutes sortes qui furent entrepris par Napoléon III.

Avant d'arriver au pouvoir, soit en exil, soit à Ham, l'Empereur s'était livré à de profondes méditations sur les questions qui intéressent les classes ouvrières. Aussi, quand le Peuple l'appela à prendre la direction des affaires, avait-il mûri ses pensées et arrêté ses idées sur ses plans de réforme. C'était le 10 décembre 1848. Les représentants du Peuple avaient fixé cette date pour l'élection du président de la République. Deux candidats sérieux étaient en présence : le Prince Louis Napoléon, qui venait de rentrer en France après un long exil, et le général

Cavaignac, chef du pouvoir exécutif depuis les Journées de Juin. Louis Napoléon obtint 5,587,759 suffrages et Cavaignac 1,469,166 sur 7,542,936 votants.

La France venait de traverser neuf mois d'anxiété et de misère. Pour parer aux difficultés financières, le gouvernement provisoire avait eu recours à toutes sortes d'expédients : il fit d'abord un emprunt qui ne fut pas couvert ; il créa un impôt de 45 centimes qui occasionna des troubles ; enfin pour éviter une catastrophe imminente, les gouvernants négocièrent un emprunt de 150 millions à la Banque de France. Le projet de loi fut voté par l'Assemblée constituante le 5 juillet 1848.

C'est dans cette situation précaire que le Prince Louis Napoléon fut appelé à gouverner la France : les caisses vides, la désorganisation partout et une misère effroyable ; mais avec ce coup d'œil qu'il possédait si bien, il sut choisir dans toutes les branches du commerce, de l'industrie, de la magistrature, de la marine, de la science, des hommes dignes de le seconder pour relever la France de l'état d'abaissement dans lequel elle était tombée. Cependant il aura encore à lutter trois années contre ces mêmes démagogues qui, au pouvoir, n'avaient su apporter aucune amélioration.

Fatigué des discussions stériles d'une Assemblée qui, au lieu de s'occuper des affaires du pays, conspirait pour le renverser, Louis Napoléon prit la résolution de dissoudre la Chambre et d'en appeler à la Nation :

« Français, dit-il, si vous voulez continuer cet
« état de malaise qui nous dégrade et compromet
« notre avenir, choisissez un autre à ma place, car
« je ne veux plus d'un pouvoir qui est impuissant
« à faire le bien, me rend responsable d'actes que

« je ne puis empêcher, et m'enchaîne au gouver-
« nail quand je vois le vaisseau courir vers l'a-
« bîme.

« Si, au contraire, vous avez encore confiance en
« moi, donnez-moi les moyens d'accomplir la grande
« mission que je tiens de vous. »

En présence d'un langage aussi ferme et si résolu,
7,473,431 Français répondirent : « Allez. Prince,
nous avons confiance en vous, ce que vous ferez sera
bien fait. » Cet éclatant témoignage manifesté aussi
librement donnait à l'Empereur l'assurance qu'il pou
vait désormais marcher hardiment dans les voies du
progrès sans s'occuper des factieux qui chercheraient
à l'entraver. C'est alors que les travaux publics
prirent un développement immense. La ville de Paris
fut reconstruite sur un plan grandiose. Des rues spa-
cieuses et des boulevards bordés d'arbres ont remplacé
les rues étroites et malsaines. Napoléon III avait
posé pour base à toutes les études, l'assainissement
des quartiers, qu'on devait parsemer de jardins et
de promenades, et que là où s'était longtemps en-
tassée, sous les précédents régimes, une population
serrée et maladive, il y eut des maisons espacées,
aérées, des enfants pouvant prendre librement leurs
ébats dans les squares, des vieillards ne s'éteignant
plus au fond de bouges obscurs, mais recevant les
bienfaisantes visites du soleil; des ouvriers pouvant, après leurs longs et pénibles labeurs, jouir du
repos en famille, et dans des conditions d'hygiène
dont jusque-là aucun souverain ne s'était encore
soucié.

Les promenades de Paris ont été bouleversées et
refaites de fond en comble. Dans ces lieux de repos,
on a multiplié les embellissements et les causes de
salubrité : lacs, rivières, fontaines, pelouses, massifs
de fleurs et de plantes rares.

L'Empereur ne sacrifiait pas tout à l'extérieur : ses travaux souterrains, tant visités par les étrangers, si merveilleux, sont un des bienfaits les plus réels dont la santé publique ait à lui tenir compte. Les égoûts de Paris, avant l'Empire, mesuraient 147 kilomètres; ils ont été quadruplés et n'atteignaient pas moins de 518 kil. en 1869.

Les embellissements de la capitale ont coûté la somme de 1 milliard 297,134 francs. Les grands travaux d'utilité générale ont nécessité une dépense de 467,655,515 francs, et l'extension des limites de Paris 350,680,952 francs. Ce qui fait un total de 2 milliards 115,781,601 francs.

En 1852, la Ville ne pouvait distribuer que 105,000 mètres cubes d'eau par jour; en 1869, elle disposait d'un volume de 538,000 mètres cubes d'eau potable.

La production de l'industrie parisienne, qui était, en 1847, de 1 milliard 500 millions, dépassait *six milliards* en 1869. La propriété bâtie, qui figurait aux rôles de 1851 pour une valeur de 2 milliards 557 millions, atteignait *5 milliards 957 millions* en 1869.

En 1851, les revenus de la Ville étaient de 52 millions; en 1867, ils étaient de 151 millions.

C'est Napoléon III qui a réuni le Louvre aux Tuileries. Les églises de Saint-Augustin, la Trinité, Saint-Joseph, Saint-Ambroise, Saint-Eugène, Notre-Dame-des-Champs, Saint-François-Xavier, Sainte-Clotilde, Saint-Pierre de Montrouge, etc.; le Palais de Justice, le Tribunal de Commerce, le Palais de l'Industrie, l'Hôtel-Dieu, l'Opéra, les Halles centrales, le Temple, et cent autres édifices ont été construits ou restaurés.

Les musées ne furent pas oubliés : le Louvre vit ses collections se quadrupler; les galeries Campana sont achetées par l'Empereur, nombre de salles sont décorées de peintures ; le musée d'artillerie reçoit de brillantes collections, et celui de Saint-Germain est formé ; le musée de Cluny est restauré ; l'hôtel Carnavalet est approprié pour y établir le musée de la ville de Paris. Un nouveau bâtiment est ajouté à l'hôtel des Archives ; la Bibliothèque impériale reçoit de grands développements et la Bibliothèque Sainte-Geneviève est ouverte au public.

Ce mouvement se produisit également dans les autres villes de France.

Pour rendre les communications plus faciles, l'Empire a ouvert 26,846 kilomètres de chemins vicinaux ; la navigation des rivières a été améliorée, les ports ont été agrandis, la digue de Cherbourg terminée et la flotte à voiles transformée en flotte à vapeur.

Le réseau des chemins de fer, habilement combiné, s'étendait rapidement sur toute la France. En 1852, on ne comptait que 6,081 kilomètres de chemins de fer concédés et 3,872 exploités ; en 1869, le total général des lignes était de 23,900 kilomètres dont 22,110 concédés.

Les télégraphes, qui expédiaient 48,000 dépêches en 1852, en ont transmis 2,842,534 en 1866, et pendant les neuf premiers mois de l'année 1869, le nombre s'est élevé à 3,328,076, représentant une somme de 7 millions 646,693 francs.

De nombreuses institutions de crédit ont été fondées. Pour délivrer la propriété du poids des dettes hypothécaires, on organisa le Crédit foncier. Depuis cette époque, un très grand nombre de Sociétés se sont constituées pour venir en aide au commerce ou à l'agriculture.

Lorsque le gouvernement impérial faisait un emprunt, il tint à y faire participer les plus petits capitaux. Au lieu de s'adresser aux banquiers, ainsi que le faisaient les gouvernements qui l'ont précédé, il convia tous les citoyens à prendre part eux-mêmes à l'opération par des souscriptions directes.

Enfin, pour éviter les fluctuations considérables qui se produisaient dans le prix des grains. l'Empereur suspendit, en 1853, le régime de l'échelle mobile en attendant qu'il l'abolît entièrement. De son côté, la ville de Paris imagina une solution également nouvelle : elle créa une Caisse de la Boulangerie. Ce système consistait à ne jamais faire payer le pain plus de 20 centimes le demi kilo.

En 1860, le traité de commerce signé avec l'Angleterre lança la France dans les voies de la liberté commerciale. Peu de temps après, il en fut de même avec les autres puissances. Le commerce prit alors un essort considérable, ce qui fit naître une prospérité inconnue jusque-là.

Pour donner plus de facilité à l'industrie, on favorisa la grande navigation, et le Corps législatif approuva en 1861 les conventions passées entre l'Etat et la Compagnie générale maritime. Nous eûmes des lignes régulières de paquebots avec l'Amérique et les Indes.

L'abrogation du pacte colonial a étendu à nos possessions d'outre-mer les mesures économiques appliquées à la France. Nos colonies purent commercer avec l'étranger, et le marché du monde leur fut ouvert.

Le percement de l'isthme de Suez eut lieu sous ce règne glorieux. Un Français, M. de Lesseps, constitua le 15 décembre 1858 la Compagnie qui devait accomplir cette œuvre de géant dont l'inauguration a eu lieu, le 17 novembre 1869, par l'Impératrice des Français et l'Empereur d'Autriche. C'est encore à ce règne que l'on doit le percement des Alpes pour relier les lignes ferrées de l'Italie à celles de la France.

Notre commerce, qui, en 1848, était de 1 milliard 645 millions, était arrivé à *huit milliards cent vingt-six millions* en 1866, L'industrie française employait 7,779 machines à vapeur, d'une force de 216,457 chevaux, en 1852 ; elle en avait 25,027, d'une force de 674,720 chevaux, en 1864.

En 1855, malgré la guerre de Crimée, la France convia les nations étrangères à une Exposition universelle ; elle n'eut pas toutefois l'honneur d'inaugurer ce grand concours de l'industrie ; l'Angleterre la première, en 1851, avait convié les nations à ces assises solennelles de l'industrie humaine, et 17,000 exposants avaient répondu à son appel. Plus de 20,000 répondirent à celui de la France.

L'Exposition universelle de 1867 réunit dans notre capitale les éléments de toutes les richesses du globe, les derniers perfectionnements de l'art moderne à côté des produits des âges les plus reculés, de sorte qu'elle représentait à la fois le génie de tous les siècles et de toutes les nations. Cette gigantesque entreprise, admirable merveille, avait réuni tout l'univers, et des nations les plus lointaines chacun s'empressait de venir apporter son admiration à ce pays capable de faire de tels prodiges, et à ce Souverain assez audacieux pour les avoir accomplis.

L'Empereur regarda toujours l'agriculture comme un vif objet de sa sollicitude : Un décret du 25 mars 1852 institua dans chaque arrondissement des chambres consultatives. On avait eu, en 1844, un premier concours agricole à Poissy ; en 1850, on créa une classe nouvelle de concours agricoles : les concours d'animaux reproducteurs, de petit bétail, d'instruments, d'appareils destinés à l'agriculture, de produits de l'industrie rurale. On divisa la France en sept régions ; on en comptait vingt et une en 1869. La loi du 10 juin 1854 favorisa l'assainissement des terres par le système qui, perfectionné en Angleterre, a gardé en France son nom anglais : *drainage*. Au moyen de cette loi, tout propriétaire qui voulait assainir son fonds par le drainage ou autre mode d'asséchement, pouvait, moyennant une juste et préalable indemnité, en conduire les eaux souterrainement ou à ciel ouvert, à travers les propriétés qui séparent ce fonds d'un cours d'eau ou de toute autre voie d'écoulement. Une somme de 100 millions de francs fut affectée à des prêts destinés à faciliter les opérations du drainage. Ces prêts étaient remboursables en vingt-cinq ans.

Ainsi encouragée, l'agriculture a pris un développement inouï. On a cultivé, en 1862, sans compter les pâturages, bois, forêts, étangs, cours d'eau, 458,057 hectares de plus qu'en 1851, c'est-à-dire en dix années. En 1867, 645,013 hectares de plus en céréales et plantes alimentaires.

Pendant la même période, la production annuelle des céréales a augmenté de 32,998,344 hectolitres.

La production du vin, qui était en 1852 de 28 millions d'hectolitres, a été de 63 millions en 1866. L'augmentation dans l'effectif de la race bovine a été de 1,249,141 têtes (veaux non compris) ; la race chevaline, de 547,178.

Enfin, une loi relative aux indemnités à allouer pour tous les animaux dont l'autorité publique aura ordonné ou ordonnera l'abatage par suite du typhus contagieux des bêtes à cornes, est mise en vigueur à partir du 30 juin 1866.

Les communes possédaient des biens mal exploités ou même incultes : la loi du 28 juillet 1860 permit au gouvernement d'intervenir et même de se substituer aux communes indifférentes. En outre, la loi du 18 avril 1863 a assuré le desséchement de 6,000 hectares d'étangs, situés dans le département de l'Ain. De son côté, l'Empereur donna une somme de quatre-vingt mille francs aux frères trappistes pour le défrichement des Dombes. La contrée de la Double (Dordogne) a été également assainie.

Digne continuateur de Napoléon Ier, l'Empereur Napoléon III voulut apporter dans la législation quelques sages réformes : loi sur la réhabilitation ; loi ayant pour objet de faciliter le mariage des indigents, la légitimation de leurs enfants naturels et le retrait de ces enfants déposés dans les hospices ; assistance judiciaire, qui assure aux indigents l'appui gratuit de la justice ; abolition de la mort civile ; loi sur le jury ; loi sur les travaux forcés ; loi du 13 mai 1863 qui modifie soixante-cinq articles du Code pénal ; loi du 21 mai 1863 modifiant la procédure correctionnelle en matière de flagrant délit ; loi du 14 juillet 1865 modifiant quelques articles du Code d'instruction criminelle, de manière à offrir largement à la magistrature la possibilité d'éviter le mal des détentions préventives ; loi de 1867 sur l'abolition de la contrainte par corps ; loi du 25 mai 1864 qui modifie les articles 414, 415 et 416 du Code pénal, relatifs aux coalitions ; suppression de l'article 1781 du Code civil aux termes duquel le témoignage du patron prévalait toujours sur celui de l'ouvrier ; loi de 1867 relative aux Sociétés. D'après cette loi, beaucoup d'ouvriers se sont réunis et ont créé soit des Sociétés de consommation pour avoir la vie à bon marché et de meilleure qualité, soit des Sociétés coopératives de production.

En formant des Sociétés de production, les ouvriers deviennent eux-mêmes patrons. C'est pour ne pas les effrayer par une mise de fonds considérable et pour éviter les spéculations que le gouvernement impérial a limité le capital social à 200,000 francs, divisé en actions de 50 ou de 100 francs. Cependant, le capital peut être augmenté par des délibérations de l'assemblée générale, prises d'année en année ; toutefois, chaque augmentation ne peut excéder 200,000 francs, En agissant ainsi, on a voulu empêcher ces gens tarés qui fondent des Sociétés pour attirer les petits capitaux et qui, à force d'audacieuses réclames, parviennent à escroquer des sommes considérables. Une fois les capitaux empochés, la Société se dissout et les malheureux sociétaires restent avec leurs actions sans autre valeur que le papier.

La suppression du livret obligatoire a été également résolue par l'Empereur. Le projet de loi a été déposé au Corps législatif le 31 mars 1869. Les événements de l'année suivante en ayant arrêté la réalisation, on aurait pu croire que les ennemis de l'Empire, qui firent un tapage au moins égal à celui qu'ils avaient fait à propos de la loi sur les coalitions, auraient mis à exécution leurs projets dès leur arrivée au pouvoir. Il n'en a rien été. Ce que l'on trouvait défectueux alors, est, paraît-il, meilleur aujourd'hui. Mais passons.

A travers tous les grands travaux qui s'opéraient en France, l'Empereur ne négligeait pas nos colonies. Il visita l'Algérie, fit exécuter de grands travaux à Alger et dans les autres villes, décida la prompte exécution des chemins de fer, et en 1862, la ligne de Blidah à Alger était inaugurée. Le gouvernement encouragea la culture du coton, et sous l'impulsion que donna Napoléon III, en fondant, le 16 octobre 1853, un prix annuel de vingt mille francs pendant cinq ans, la culture du coton prit une extension considérable.

Tu-Duc, empereur d'Annam, fut contraint de céder six provinces de son empire à la France, après une guerre qui lui fut déclarée pour avoir persécuté les chrétiens. La Cochinchine française, colonie qui fait un commerce considérable, fut ainsi conquise.

En 1853, la France prit possession de la Nouvelle-Calédonie.

A toutes nos expéditions militaires ou maritimes furent adjoints des savants pour étudier les contrées conquises. C'était le règne de la science, aussi bien que des arts et de l'industrie.

Il est vrai que l'Empereur donnait lui-même l'exemple des encouragements à toutes les entreprises. Le 23 février 1852, il fonde un prix de cinquante mille francs en faveur de la plus utile application de la pile Volta. Ce prix a été adjugé, en 1864, à M. Rumkorff, fabricant d'appareils électro-magnétiques.

Le 9 avril 1854, il en fonde un de six mille francs pour un travail concernant l'application de la vapeur à la navigation.

L'année suivante, il institue un prix triennal de trente mille francs pour être distribué, dans la séance commune des cinq Académies de l'Institut, à l'œuvre ou à la découverte la plus digne d'honorer le génie national.

Le 11 août 1859, il crée un prix d'une valeur de vingt mille francs pour être distribué tour à tour dans l'ordre des sciences, des lettres et des arts, à une œuvre ou à une découverte désignée par la majorité des suffrages des cinq Académies.

Le 12 août 1864, il en fonde un de cent mille francs destiné à être distribué tous les cinq ans à l'auteur d'une grande œuvre de sculpture, d'architecture ou de peinture.

Enfin, il accordait des prix pour les courses de chevaux, les régates, les concours d'orphéons, les tirs à la carabine, etc.

Dans cette œuvre de progrès universel, le clergé n'était pas oublié. Le traitement des curés, des vicaires, des prêtres habitués des églises, des chanoines de Saint-Denis était augmenté. Une Caisse de vieillesse était fondée pour les prêtres âgés ou infirmes. Les anciens monuments sacrés étaient restaurés ou reconstruits, souvent aux frais de l'Empereur. Tous les villages pauvres ne sollicitaient jamais en vain la bienfaisance de la Famille Impériale, et ils recevaient toujours ce qu'ils avaient demandé.

L'INSTRUCTION SOUS L'EMPIRE

« Dans le pays du suffrage universel, tout citoyen doit savoir lire et écrire », a dit Napoléon III. Nous allons donc examiner quel a été le résultat des efforts de son gouvernement pour répandre l'instruction jusque dans le plus petit hameau.

D'après la loi du 15 mars 1850, tout Français âgé de vingt et un ans accomplis peut exercer dans toute la France la profession d'instituteur primaire, *public* ou *libre*, s'il est muni d'un brevet de capacité.

L'enseignement primaire comprend : l'instruction morale et *religieuse* (actuellement c'est l'enseignement *civique !!!*), la lecture, l'écriture, les éléments de la langue française, le calcul et le système légal des poids et mesures. Il peut comprendre, en outre, l'arithmétique appliquée aux opérations pratiques, les éléments de l'histoire et de géographie, etc., l'arpentage, le nivellement, le dessin linéaire, le chant et la gymnastique (art. 23). De plus, l'enseignement primaire était donné *gratuitement* à tous les enfants dont les familles étaient hors d'état de le payer.

La loi du 10 avril 1867 vint améliorer encore celle

de 1850 : Toute commune de cinq cents habitants et au-dessus est tenue d'avoir au moins une école publique de filles, si elle n'en est pas dispensée par le conseil départemental (art. Ier). En outre, toute commune qui veut user de la faculté accordée par le paragraphe 3 de l'article 36 de la loi du 15 mars 1850, d'entretenir une ou plusieurs écoles entièrement gratuites, peut, en sus de ses ressources propres et des centimes spéciaux autorisés par la même loi, affecter à cet entretien le produit d'une imposition extraordinaire qui n'excédera pas quatre centimes additionnels au principal des quatre contributions directes (art.8). Mais en cas d'insuffisance des ressources indiquées, une subvention peut être accordée à la commune sur les fonds du département, et, à leur défaut, sur les fonds de l'Etat. Enfin une délibération du conseil municipal, approuvée par le préfet, peut créer, dans toute commune, une Caisse des écoles destinée à encourager et à faciliter la fréquentation de l'école, par des récompenses aux élèves assidus, et par des secours aux élèves indigents (art. 15).

En moins de dix-huit mois, 2,000 écoles de garçons, des écoles mixtes et des écoles de filles furent établies dans les hameaux, par application de cette loi. Le nombre des instituteurs adjoints et des institutrices adjointes, qui étaient chargés de la direction d'une école de hameau ou attachés à une école de chef-lieu, était de 12,000 environ, et le nombre des maîtresses chargées de donner les premières notions de travaux à l'aiguille aux jeunes filles atteignait 8,500.

L'amélioration obtenue est mise en pleine lumière par la progression du chiffre des conscrits sachants lire à l'époque du recrutement. En consultant la statistique, on trouve les chiffres suivants :

De 1852 à 1856, la moyenne, pour toute la France des conscrits sachant lire, était de 66 pour cent; en

1865, elle montait à 74 pour cent; en 1869, elle atteignait la proportion de 80 pour cent.

Donc, en 1856, un tiers des conscrits ne savait pas lire, tandis que, en 1869, le contingent de l'ignorance ne figurait plus dans les statistiques des ministères de la guerre et de l'instruction publique que pour un cinquième.

En 1851, l'Instruction primaire coûtait 37 millions à l'Etat, aux départements et aux communes; en 1865, elle en coûtait 73, c'est-à-dire le double.

Dans les dernières années de l'Empire, la France comptait 5,000 instituteurs de plus, 10,092 écoles primaires et 1,189,328 élèves de plus qu'en 1850.

Et tout cela s'est fait sans bruit, sans que le père de famille soit menacé de la prison dans le cas où il aurait négligé un moment d'envoyer son enfant à l'école. Il n'était pas forcé non plus de déclarer préalablement là où il pensait le faire instruire; la liberté la plus absolue régnait à ce sujet.

Les cours d'adultes se propagèrent d'une façon admirable : pendant l'hiver 1868-1869, il a été ouvert dans 26,224 communes 28,172 cours pour les hommes, et dans 4,990 communes 5,466 pour les femmes ; c'est donc 33,638 cours qui ont été mis en activité du 1er octobre 1868 au 1er avril 1869. Sur ce nombre, 30,076 ont été tenus par des laïques et 3,562 par des congréganistes. Quant aux élèves, ils ont été au nombre de 793,136, savoir : 678,753 hommes et 114,383 femmes. Parmi ces élèves 31,291 ont suivi des cours de dessin; 79,443 des cours de géométrie et d'arpentage ; 78,590 des cours d'histoire et de géographie ; 12,917 des cours de sciences physiques ; 50,239 des cours de tenue de livres et d'arithmétique appliquée au commerce et à l'industrie.

En 1869, il existait 66 bulletins départementaux destinés à donner aux instituteurs les directions pédagogiques dont ils avaient besoin, et à tenir les autorités locales au courant des applications de la loi et des instructions de l'administration supérieure.

La tendance vers la *gratuité absolue de l'enseignement primaire* avait fait d'immenses progrès : en 1869, il existait 3,558 communes ayant établi l'enseignement *gratuit* dans 5,800 écoles. Indépendamment de ces communes, 1,603 autres. dont les ressources étaient fort restreintes, ont voté la gratuité pour 2,540 écoles.

En développant ainsi l'instruction, le goût de la lecture vint, il fallut procurer des livres ; le gouvernement impérial ne faillit pas à cette tâche : des Bibliothèques scolaires furent établies partout. En 1865, le nombre de ces Bibliothèques n'était que de 4,833 renfermant ensemble 180,854 volumes ; en 1869, il s'élevait à 14,395, contenant 1 million 239,165 volumes. Les prêts faits aux familles pendant l'année 1865 ne dépassaient pas 179,267 volumes, tandis que pendant l'année 1869, ils s'élevaient à 955,121.

L'enseignement secondaire n'était pas oublié : en 1852, un décret relatif à la concession de bourses nationales, départementales et communales était promulgué. Le nombre des lycées était augmenté.

Des écoles préparatoires à l'enseignement supérieur des sciences et des lettres étaient instituées à Nantes, à Rouen, à Mulhouse et à Moulins. Une école préparatoire de médecine et de pharmacie a été créée à Lille ; de nouvelles chaires au Collège de France, à l'École des langues orientales vivantes, à l'École de pharmacie de Paris et dans les diverses Facultés furent fondées. Des modifications importantes ont été apportées à l'enseignement de l'École des Chartes.

En Algérie, l'extension la plus grande était donnée aux écoles musulmanes françaises des deux sexes. La langue arabe était propagée parmi les colons et la langue française parmi les indigènes. Cent quatre cours d'adultes ont été ouverts en 1868.

Ici encore les encouragements ne manquèrent pas, la Famille Impériale faisait distribuer des livrets de Caisse d'épargne aux élèves les plus méritants de l'Association philothecnique pour l'instruction des ouvriers, En 1865, l'Empereur accordait à cette même Association une pension annuelle de mille francs. Suivant l'exemple de son cousin, le Prince Napoléon s'inscrivit pour cinq cents francs. L'année suivante, le Prince Impérial fonde quatre-vingt-neuf prix d'encouragement pour les instituteurs communaux, directeurs de classes d'adultes.

En 1869, l'Impératrice fonde un prix annuel et perpétuel pour donner plus de développement aux études géographiques.

Dans le huitième arrondissement de Paris une école paroissiale de garçons avait été fondée ; cette école qui recevait chaque soir trois cent élèves, était entretenue depuis six ans par l'Œuvre des apprentis. Par suite de différentes circonstances, elle se trouva dans l'impossibilité de continuer à subvenir aux frais d'entretien. Informé de ce fait, l'Empereur décida, le 7 mars 1857, que cette école serait réouverte et déclara vouloir se charger de toutes les dépenses.

L'EMPEREUR et L'AGRICULTURE

Nous avons déjà dit combien l'Empereur attachait d'importance au développement de l'agriculture et nous avons vu la série de mesures gouvernementales prises en sa faveur. Nous allons maintenant nous occuper des travaux faits directement par Napoléon III aux frais de sa liste civile.

La Sologne n'était qu'un vaste plateau froid, humide, dépeuplé, fiévreux, coupé d'étangs, de bruyères stériles, de bois rabougris; c'est par elle que débuta l'Empereur. Il y acquit des domaines qui ont plus de 3,000 hectares de superficie. Trois grandes fermes y occupent 740 hectares et étaient exploitées par la liste civile. Une surface de même étendue a été répartie en trente petites fermes concédée à des cultivateurs du pays, et dont dix-sept ont été bâties et créées par l'Empereur.

Le reste des terres est consacré à la culture forestière. Les marais ont été desséchés, des canaux creusés pour l'écoulement des eaux. Des maisons ont été construites pour les ouvriers ruraux, des races perfectionnées d'animaux ont été introduites avec succès. On a tracé trente kilomètres de routes; la marne, la chaux, les tuyaux de drainage ont été librement mis à la disposition des fermiers voisins. Entraînés par cet exemple, les grands propriétaires se sont associés à cette œuvre. Le pays est actuellement sillonné de routes, de canaux, de chemins de fer et la fièvre a disparu.

Dans ce vaste désert qui existe entre la Garonne et les Pyrénées, *les Landes*, Napoléon III y acheta, en 1857, plus de 7,000 hectares de terres incultes. Cette immense surface est aujourd'hui productive. Les travaux, commencés aussitôt, furent terminés en 1863. La propriété avait été entourée de 89 kilomètres de clôtures, sillonnée de 95 kilomètres de routes et chemins, assainie par 218 kilomètres de fossés.

On a ensemencé 6,300 hectares de landes en pins maritimes. Les landes converties en terres labourables ont une étendue de 466 hectares, sur lesquels ont été créées neuf fermes qu'on doit regarder comme d'excellents modèles de constructions rurales pour les landes de Gascogne, vingt-huit maisons de colons et dix maisons d'artisans.

Un village agricole (Solférino) a été créé au centre du domaine, avec une église, un presbytère, une mairie, une école et une salle d'asile. Il existe à Solférino, dont la population est actuellement de 600 habitants environ, une usine pour la distillation des résines, une scierie à vapeur et un four à carboniser le bois.

Chaque colon appartenant au domaine impérial jouissait de deux hectares de terre labourable; il devenait propriétaire de sa maison et du terrain après dix années d'une bonne conduite.

Une plaque commémorative porte l'empreinte du pied de l'Empereur, le « premier Souverain, dit l'inscription, qui ait mis le pied sur cette lande aride ».

Non loin de là, le marais d'Orx, acheté par l'Empereur en 1858, a été desséché et mis en culture. On y a construit 27 kilomètres de canaux destinés à recevoir les eaux extérieures. Un magnifique canal de navigation, auquel on a frayé un passage à travers les dunes, aboutit au cap Breton; il reçoit les eaux du marais.

Des routes empierrées sillonnent ce terrain conquis sur les eaux, vingt-trois fermes y furent construites.

Ce marais, qui n'était pour les populations qu'un foyer de fièvres pernicieuses, est devenu un immense tapis de verdure couvert d'animaux domestiques.

La Champagne ne vaut guère mieux que les Landes. L'aridité est à peu près la même, C'est sur le terrain crayeux et stérile du camp de Châlons que l'Empereur fit de nouvelles expériences. Il l'entoura de plantations et de cultures ; huit grandes fermes furent créées et coûtèrent 2 millions 500,000 francs à la cassette impériale. D'immenses prairies entourèrent le camp, et 1,500 hectares furent plantés en céréales.

On y entretenait 66 juments poulinières, 254 taureaux, vaches ou élèves, et 8,000 moutons.

Près de Paris, à Vincennes, l'Empereur fit défricher 120 hectares de ronces et de bruyères, qui s'étendaient du fort de Vincennes aux redoutes de Joinville et de la Faisanderie. Des bâtiments d'exploitation simples, commodes et élégants furent élevés. La ferme construite sur ce terrain possédait, en 1870, sept chevaux de travail, cent vaches laitières, six cents moutons southdown et quinze à vingt sujets choisis de la race porcine.

Dès 1861, l'Empereur a transformé en une exploitation agricole l'ancienne jumenterie de Pompadour. Elle a l'élevage du bétail pour objet. La race limousine et la race durham y donnent des produits recherchés ; le bélier southdown a été accouplé aux brebis indigènes, et les produits de ces croisements donnent à quinze mois deux fois plus de viande et de laine que les moutons du pays.

Le troupeau de Rambouillet a été accru, la ferme agrandie, la bergerie reconstruite.

La ferme de la Fouilleuse a été ouverte aux inventions et aux essais de toute nature. C'est là qu'ont été faits, en présence de l'Empereur, les premiers essais des faucheuses, des moissonneuses, et qu'ont été établis des concours de labourage à vapeur.

En 1868, l'Empereur fit construire une nouvelle ferme dans le parc de Saint-Germain. L'année précédente, il avait acheté en Algérie un grand domaine où colons et indigènes trouvaient d'utiles renseignements. Une force de trente chevaux-vapeur a été mise au service de la ferme, pour laquelle il avait dépensé près d'un million.

L'Empereur s'attachait aussi à encourager par des des récompenses la dignité de la vie, l'habileté du travail et l'habitude de l'ordre parmi tous ceux qui collaboraient à ses entreprises. Des concours étaient établis et des jurys, choisis parmi les cultivateurs du voisinage, distribuaient aux plus méritants des livrets de Caisse d'épargne et des médailles d'honneur. Il avait même inauguré en agriculture le système de la participation du travailleur aux bénéfices; tous les directeurs, régisseurs et ouvriers des fermes impériales étaient intéressés aux profits que donnait l'opération.

Toutes ces améliorations. tous ces progrès sont dus à l'initiative privée de l'Empereur, et seul il en a supporté toutes les charges.

On voit qu'aucune branche des sciences, des lettres, des arts, du commerce, de l'industrie et de l'agriculture n'a été oubliée sous ce régime fécond en heureuses innovations, et où toutes les classes de la société ont marché dans le progrès à pas de géant.

LA LISTE CIVILE

La liste civile se composait de deux parties bien distinctes :

La première, et de beaucoup la plus considérable, était moins affectée au service personnel du Souverain qu'à de véritables services d'État. Elle répondait à des nécessités permanentes. En brisant le trône, les hommes du 4 septembre n'ont pas fait disparaître les dépenses d'intérêt public auxquelles elle était chargée de pourvoir. Ils ont pu supprimer les services d'honneur, les pensions des parents de l'Empereur ne faisant pas partie de la Famille Impériale et les ratifications d'habillement aux officiers subaltern s entrant dans la garde (gratifications qui s'élevaient à la somme de 85,000.francs par an), mais tout le reste a dû être maintenu.

Ils ne purent rien économiser, par exemple, sur le chapitre Ier qui était ainsi composé :

Personnel des palais impériaux et dépense de régie..	2.201.000
Mobilier de la Couronne..............................	1.386.000
Palais (vingt et un), bâtiments, jardins......	3.059.000
Forêts et domaines................................	1.152.000
Eaux de Versailles, de Marly et de Saint-Cloud	488.000
Musées impériaux...................................	725.000
Gobelins, Beauvais et Sèvres...................	945.000
Bibliothèque des palais.........................	150.000
Etablissements agricoles créés par l'Empereur.	950.000

Les chiffres publiés par la commission nommée par le gouvernement de M. Thiers, pour mettre à jour les comptes de la liste civile, ont prouvé que le budget fixe affecté à cette première partie a été employé chaque année jusqu'au dernier sou par la Maison de l'Empereur.

Dans le chapitre II étaient compris :

Service de dons et secours	1.200.000
Pensions accordées par l'Empereur...........	600.000
Subventions de 300 francs aux sous-officiers et soldats amputés à la guerre.................	750.000

La seconde partie, sous le nom de Cassette particulière, constituait le domaine propre de l'Empereur. La dotation annuelle était de 5 millions

400,000 francs ; soit pendant dix-sept ans et sept mois de règne (1er janvier 1853 au 4 septembre 1870), 95 millions. Cette somme était la propriété absolue de Napoléon III. Il aurait eu le droit strict de la mettre de côté. Il est loin de l'avoir fait. Le détail des comptes, qui ont été entre les mains des agents de M. Thiers, établit que sur ces 95 millions, *quatre-vingt-treize millions neuf cent quatre-vingt-sept mille francs* ont été dépensés.

En voici le détail :

Pensions accordées à d'anciens militaires, à d'anciens fonctionnaires, à des familles malheureuses, s'élevant, indépendamment des 400,000 francs portés au budget général, à la somme annuelle de 450,000 francs pendant dix-sept ans et sept mois.........................	7.912.500
Aux parents des enfants nés le même jour que le Prince impérial (16 mars 1856)...........	1.730.000
Subventions de 40,000 francs par an aux personnes attendant leurs nominations à des débits de tabac.............................	703.000
Frais d'éducation de jeunes orphelins (400,000 fr. par an)...............................	703.300
Allocation annuelle de 12,000 fr. à l'établissement du mont Saint-Michel pendant six ans.	126.000
Subvention annuelle de 15,000 fr. à l'hospice de Versailles	263.700
Allocation annuelle de 12,000 francs à la Société de Charité maternelle....................	211.000
Allocation annuelle de 150,000 francs aux incendies, grêles, etc	2.637.500
Inondation extraordinaire du Rhône et de la Loire....................................	500.000
Cautionnements accordés à d'anciens militaires entrés dans l'administration des finances...	200.000
Don à la banque des Sociétés coopératives de Paris....................................	500.000

Don à la banque des Sociétés coopératives de Lyon..	300.000
Don déposé à la Caisse des dépôts et consignations pour la Société de secours mutuels des anciens militaires...............................	500.000
Création de maisons ouvrières à bon marché.	500.000
Don à la Société ouvrière de Paris de 42 maisons	280.000
Don à la Société ouvrière de Lille	100.000
Créations de maisons ouvrières à Bayonne....	30.000
Don à la ville d'Orléans d'une maison de convalescence	90.000
Création de douze lits aux Incurables.........	150.000
Subvention annuelle de 20,000 francs à la Société du Prince Impérial, pendant dix ans.........	200.000
Dessèchement des marais d'Orx (Landes)......	2.500.000
Don aux trappistes pour le dessèchement des Dombes...	430.000
Don aux trappistes de la Dordogne et de l'Allier.	100.000
Ensemencement des dunes de la commune d'Anglet (Basses-Pyrénées)...................	80.000
Construction de fermes du camp de Châlons et Cheptel.......................................	3.000.000
Achat de la ferme de Boukan-Doura (Algérie).	350.000
Reconstruction de la terre de la Châtaignerie, près Saint-Cloud................................	800.000
Landes, hospice, école de Korn-er-Houët.......	300.000
Allocations pour chemins vicinaux (B.-Pyrénées)	200.000
Don de charrues à vapeur pour l'Algérie	80.000
Théâtre militaire du camp de Châlons........	120.000
Quartier impérial du camp de Châlons.	300.000
Dettes de la commune de Mourmelon.........	60.000
Dettes de la commune de Saint-Cloud........	380.000
Eglise de Saint-Cloud.	400.000
Eglises de Plombières, Biarritz, Rueil, Saint-Leu, Suippes, Rambouillet, St-Sauveur, etc.	3.200.000
Maisons d'écoles dans les communes pauvres..	1.200.000
Hôtels de ville de Compiègne et de Pierrefonds.	50.000
Travaux d'utilité et d'embellissement à Plombières et à Vichy..............................	300.000
Château de Pierrefonds........................	3.500.000
Palais des Césars et fouilles...................	400.000

Musée de Saint-Germain, fouilles à Alise, à
  Bibracb....................................... 400.000
Médailles de Tarse données à la Bibliothèque
  impériale.....................................   50.000
Don d'un vapeur à la ville d'Annecy........... 100.000
Anciennes armures achetées pour le château de
  Pierrefonds.................................. 350.000
Dons diplomatiques, bijoux pour les artistes... 1.758.300
Palais de l'Elysée............................. 1.000.000
Médailles d'or et bannières pour les concours
  régionaux, prix de tir, primes accordées aux
  compagnies d'archers et de pompiers......... 879.100
Pierres précieuses ajoutées aux diamants de la
  Couronne..................................... 100.000
Achat de bijoux pour l'impératrice, lors de son
  mariage...................................... 3.600.000
Dons à des industriels, prêts à des commerçants,
  à des Sociétés.............................. 8.500.000
Subventions pour venir aux secours de personnes
  ne pouvant faire face à leurs engagements... 2.700.000
Allocation de 600,000 francs par an à l'Impéra-
  trice pour des œuvres de bienfaisance....... 9.950.000
Achats de tableaux et objets d'art............ 3.516.000
Encouragements aux sciences et aux inventeurs 5.375.000
Souscription en faveur de l'expédition du pôle
  Nord de G. Lambert..........................   50.000
Atelier et fonderie de Meudon................. 1.000.000
Achats de deux hôtels pour les ministres sans
  portefeuille 1.200.000
Chaloupes à vapeur, canots de sauvetage 200.000
Gratifications au jour de l'an et aux anniver-
  saires 527.500
Œuvres littéraires............................ 2.200.000
Subventions aux Sociétés de secours mutuels et
  de bienfaisance............................. 3.516.000
Gratifications annuelles de 50,000 fr. données
  aux soldats blessés attendant la liquidation
  de leurs pensions........................... 700.000
Voyage en Algérie et gratification aux Arabes. 900.000
Achats et dépenses aux expositions de 1855
  et 1867..................................... 600.000

Quai en pierre de Biarritz...................... 120.000
Achat de la bibliothèque de Henri IV pour le château de Pau......................... 40.000
Dons de munificence à des familles malheureuses, dots pour des mariages, cadeaux pour baptêmes............................... 4.000.000
Dépenses personnelles de l'Empereur (100,000 fr. par an)............................. 1.758.000
Dépenses personnelles de l'Impératrice........ 1.658.300
Dépenses personnelles du Prince impérial..... 1.400.000
Fourneaux économiques.................... 200.000
Don à la Société pour la propagation des bons livres 50.000

Tels sont les mystères de la Cassette impériale. C'est ainsi que l'Empereur employait ses millions, les répandant avec profusion sur les classes pauvres, secondant les inventeurs, encourageant les savants, aidant les villes dans leurs créations utiles, et surtout pensant avec une sollicitude paternelle aux ouvriers, qu'il regardait comme ses enfants.

On se souvient que les ennemis de l'Empire ont dit et écrit sur tous les tons les bienfaits que procurerait au Peuple la suppression de la liste civile et les gros traitements des fonctionnaires. Eh bien ! voilà treize ans que nous sommes sous ce fameux régime à *bon marché*, que sont devenues ces belles promesses ? Que sont devenus ces beaux calculs consignés dans les brochures qui ont été répandues à profusion ? Où est cette prospérité tant vantée ? Est-ce la conversion du 5 pour cent en 4 et demi, qui bientôt peut-être sera converti en 3 pour cent, en attendant, non pas l'impôt des *45 centimes*, mais les *assignats*, vers lesquels nous courons au pas gymnastique.

Le budget atteint aujourd'hui la somme fabuleuse de *trois milliards cent trois millions* dans lesquels ne sont pas compris les crédits supplémentaires que l'on évalue à 200 millions environ, si bien que le budget de 1884, porté au chiffre *trois milliards trois cent trois millions*, dépassera de *un milliard six cent quatre-vingts millions* celui de 1869, et de *675 millions* celui de 1875 dans lequel on a fait entrer les emprunts de la guerre. Or, en ajoutant à cette dernière somme les 25 millions de l'Empereur, plus 1,500,000 francs pour les Princes et Princesses, soit pendant treize ans 334,500,000 francs, nous arrivons au chiffre énorme de *1 milliard 9 millions 500,00 francs* de dépenses en plus des frais de la guerre. Cette somme a-t-elle été employée à des travaux gigantesques comme on en faisait sous l'Empire? Évidemment non; chacun peut le constater. Mais où en serions-nous donc si nos gouvernants n'avaient pas fait des économies? En effet, n'ont-ils pas supprimé les aumôniers des hôpitaux et ceux des dernières prières, diminué le traitement des évêques, etc. Les sénateurs sont également moins payés; des subventions importantes à des institutions de bienfaisance ont été supprimées, notamment à la Société de Charité maternelle. Nous pourrions en citer bien d'autres du même genre, la liste en est longue.

L'EMPEREUR et les INONDATIONS

Les désastres qui ont si rapidement dévasté plusieurs de nos provinces, dans les deux mois de mai et de juin 1856, se sont étendus sur une si vaste échelle, qu'ils auront leur place sinistre dans l'histoire de cette année.

Le Rhône déborde le 30 mai, et aussitôt plusieurs rues de Lyon devinrent des lacs et des cours d'eau. Le Doubs, se jetant dans la Saône à Verdun, l'avait gonflée outre mesure; il apportait au Rhône ses ondes frémissantes, et le 31, la moitié de la ville n'était plus habitable. La digue de la Tête-d'Or était

rompue, le chemin de ronde des Brotteaux emporté.
Les habitans éperdus s'enfuyaient devant le flot qui
emportait leurs maisons et qui les gagnait de vitesse ;
de si grands malheurs n'ayant pas été prévus, les
secours n'étaient pas organisés.

Le 1er juin, Napoléon III apprit ces sinistres nouvelles. Il partit à l'heure même au secours de tant
d'infortune. Arrivé à Lyon, le 2, il fit aussitôt distribuer des secours aux victimes. A onze heures, il était
sur le théâtre des ravages. Les habitants de cette
ville, depuis le plus riche manufacturier jusqu'au plus
humble ouvrier, furent émus quand ils virent l'Empereur, cherchant à s'assurer lui-même s'il y avait un
moyen d'enrayer à l'avenir les fureurs du Rhône et
préserver la ville de nouveaux malheurs, s'engager à
cheval au milieu des flots, et y rester assez longtemps calme et impassible, sans avoir l'air de se
douter du danger qu'il courait.

Aussi, quand il regagna la rive, les cris de : *Vive
l'Empereur!* et des acclamations de joie retentirent
de tous côtés.

Au moment où Sa Majesté se disposait à retourner
à la préfecture, un homme au chapeau mou et à la
grande barbe, s'avança et lui dit :

— Sire ! j'ai été républicain jusqu'ici, mais je tiens
à vous déclarer que ce que vous venez de faire là est
beau et digne du grand nom de Napoléon.

L'Empereur sourit et salua l'homme, qui se perdit
dans la foule.

Le lendemain, l'Empereur continue son voyage à
travers les départements inondés. Il visite successivement Vienne, Condrieu, Tain, Tournon, Valence,
Avignon, où l'archevêque le reçut et lui adressa ces
belles paroles :

« Sire, vous avez été le sauveur de la Patrie; au-
» jourd'hui vous vous en montrez le père.

» Votre génie a relevé la France à la hauteur de
» ses destinées; la charité qui vous fait accourir près
» de nous, prompte comme le fléau qui couvre de
» désolation notre cité et nos campagnes, vous élève
» un trône dans le cœur des malheureux. »

L'Empereur pressa les mains de l'archevêque et le
remercia avec effusion; puis, accompagné du prélat,
du maire et d'un seul rameur, on le vit, dans un
simple bateau, parcourir les rues pour diriger partout
le sauvetage et les secours.

En quittant Avignon, Napoléon III se rend à Tarascon. Les communications sont complètement inter-
rompues par suite de la rupture du chemin de fer,
que les eaux du Rhône ont coupé sur plusieurs points.
Sa Majesté traversa cette route périlleuse dans un
bateau.

Après avoir soulagé et consolé les habitants de
Tarascon, Montélimar, La Palud et Orange, l'Empe
reur arrivait à Arles vers sept heures du soir. Le lendemain, il parcourt la ville et les campagnes atteintes
par le fléau, en distribuant des secours aux malheureux; puis il reprit la route d'Avignon.

Le 5, il était de retour à Paris, non pour réparer
tant de fatigues dans un repos nécessaire, mais pour
entreprendre dès le lendemain un autre voyage non
moins pénible.

La Loire avait produit de plus vastes ruines
encore et de plus grandes scènes de désolation que le
Rhône.

La ville d'Orléans était couverte par les eaux, les
ponts étaient emportés. Devant Jargeau, la Loire a
fait une brèche d'un quart de lieue; la ville est
envahie, et les habitants fuient sans asile,

A Tours, même spectacle. Des efforts surhumains avaient été tentés pour arrêter le fléau. On vit le cardinal Morlot, archevêque de Tours, travailler lui-même, la pioche à la main, avec son clergé, parmi les sauveteurs, à consolider les digues.

Le 6 juin, l'Empereur quitte Saint-Cloud pour aller porter des secours aux inondés de la Loire. Il visite tour à tour Orléans, Blois et Tours, où il dût se rendre en voiture, le chemin de fer étant interrompu.

Le 9, il arrive à Angers; il parcourt en bateau les parties inondées, puis se rend aux ardoisières de Trélazé, où l'attendait une foule immense d'ouvriers, de femmes et d'enfants groupés sur les hauteurs. Après les avoir encouragés par de bonnes paroles et leur avoir laissé des marques de sa munificence, l'Empereur se disposait à partir lorsqu'un ouvrier, nommé G..., ancien soldat des grenadiers de la garde, s'avance vers lui.

— Qu'y a-t-il pour votre service, mon ami? lui dit l'Empereur avec son accent de bonté habituel.

L'ouvrier, les yeux baignés de larmes, répondit :

— Sire, je viens demander à Sa Majesté la grâce de mon père, condamné à la déportation.

— C'est bien, mon ami, dans deux mois votre père sera de retour.

Deux mois après, ce père rentrait dans sa famille par la volonté du Souverain contre lequel il avait conspiré en 1853.

D'Angers, l'Empereur se rendit à Nantes, et là, comme partout, les populations se montrèrent profondément touchées de l'empressement avec lequel Sa Majesté était accourue au milieu des départements inondés pour consoler les habitants par sa présence, ranimer leur courage et s'associer en quelque sorte à leur affliction.

Dans ce voyage. l'Empereur a distribué plus de 500,000 francs sur sa cassette, et l'Impératrice, outre les secours particuliers, envoya à la souscription ouverte à Paris une somme de 20,000 francs en son nom et 10,000 francs au nom du Prince Impérial.

En 1866, ce terrible fléau reparaît et vient apporter la désolation dans quelques-uns de nos départements. La charité inépuisable de la Famille Impériale est encore mise à l'épreuve. Aussitôt elle fait remettre une somme de 35,000 francs au ministre de l'intérieur pour être distribuée aux victimes.

Une souscription est ouverte, l'Empereur s'inscrit en tête de la liste pour 100,000 francs, l'Impératrice, 25,000 ; le Prince Impérial, 10.000. En outre, l'Empereur envoie les généraux Waubert de Genlis, Favé et de Failly examiner les désastres causés par les inondations, et distribuer en son nom des secours aux populations.

L'IMPÉRATRICE A AMIENS

Le 23 octobre 1865, le choléra sévissait avec vigueur à Paris ; malgré le danger et quoique souffrante, l'Impératrice Eugénie n'hésite pas un instant : elle se rend au chevet des malades et leur adresse des paroles de consolation. Sa Majesté visite successivement l'hôpital Beaujon, la Riboisière et l'hôpital Saint-Antoine.

Un des malades, dont la vue était obscurcie par la gravité de son état, ayant répondu à une question que lui adressait l'Impératrice : « Oui, ma sœur. »

— Mon ami, lui dit la supérieure, ce n'est pas moi qui vous parle, c'est l'Impératrice.

— Ne le reprenez pas, ma bonne mère, dit vivement Sa Majesté, c'est le plus beau nom qu'il puisse me donner.

En effet, le beau nom de sœur de charité, l'Impératrice Eugénie le méritait à plus d'un titre.

L'année suivante, le 4 juillet 1866, le choléra décimait la malheureuse population d'Amiens. A la première nouvelle des ravages de ce terrible fléau, l'Impératrice quitte la capitale et accourt à Amiens.

Sans perdre une minute, Sa Majesté se rend à l'Hôtel-Dieu. Là, elle visite toutes les salles ; elle s'arrête au lit de chaque malade, lui prenant la main, se baissant pour écouter sa voix et recueillir chaque réponse. Les bonnes paroles que leur adressait l'Impératrice semblait ranimer ces pauvres malades et leur donner de nouvelles forces.

A sa sortie, deux petits enfants, rendus orphelins par le choléra, lui furent présentés par le préfet M. Cornuau.

— Je les adopte, dit-elle simplement.

A ces mots, les larmes viennent aux yeux de toutes les personnes qui accompagnaient Sa Majesté.

Après un court déjeuner à la Préfecture. l'Impératrice se rend aux autres asiles de la douleur : à la maison de la rue de Noyon, chez les Petites-Sœurs des pauvres, de là aux maisons de charité du quartier Saint-Leu et de la rue Gresset, partout enfin où il y a des malades.

Pour perpétuer le souvenir de cette date mémorable, un tableau représentant l'Impératrice au chevet des cholériques fut placé dans une des salles du musée d'Amiens. Les esprits forts du conseil municipal de cette ville ont pu faire enlever ce chef-d'œuvre ; mais cette visite de l'Impératrice Eugénie, venue ainsi en ange de consolation à l'heure de la souffrance, laissera de longs souvenirs dans la vieille capitale de la Picardie, et, dans toute la France, le pauvre n'oubliera pas que sur le trône, à côté du Souverain qui lui donna dix-huit années de prospérité et de grandeur, était assise une femme aussi bonne que belle, sachant remplir, avec autant de grâce que de charité, la divine mission que lui avait confiée la Providence.

INSTITUTIONS DE BIENFAISANCE

Le 15 août 1850, le Prince Louis Napoléon arrivait à Lyon pour s'assurer par lui-même des besoins de la population ouvrière. Des fêtes splendides eurent lieu en son honneur.

Le lendemain, il assiste à l'inauguration de la Caisse de secours mutuels et de retraite pour les ouvriers et employés des fabriques de soie. Après quelques paroles bienveillantes et élevées (1), dans lesquelles ses intentions à l'égard des classes laborieuses et pauvres se manifestèrent, il signa le procès-verbal de la séance et ajouta : *Plus de pauvreté pour l'ouvrier malade, ni pour celui que l'âge a condamné au repos.* C'était une promesse. Nous allons voir s'il l'a tenue.

En énumérant chacune des créations impériales, nous verrons que dans toutes les phases que traverse l'homme, depuis la naissance jusqu'à la mort, la bienveillante sollicitude de la Famille Impériale était toujours là pour le protéger et le secourir.

---

(1) V. *Les Journées de Napoléon III*, p. 47 et 111.

LES SOCIÉTÉS DE CHARITÉ MATERNELLE

Parmi les objets composant la corbeille de mariage de l'Impératrice, Napoléon III avait fait placer, au lieu de la bourse d'usage, un portefeuille renfermant 250,000 francs. L'Impératrice a voulu que cette somme fût entièrement consacrée à des œuvres de charité. Par ses ordres, 100,000 francs furent répartis entre les Sociétés de Charité maternelle, qui ont pour but de secourir les pauvres femmes en couches, de pourvoir à leurs besoins et à l'allaitement de leurs enfants.

Ces Sociétés furent placées sous l'auguste patronage de l'Impératrice, par un décret en date du 2 février 1853. Le nombre des mères secourues dans cette même année a été de 10,504, et les secours accordés se sont élevés à 445,386 fr. En 1867, ces Sociétés ont pu secourir 16,060 femmes. En 1868, le nombre s'est élevé à 17,645. Une somme de 662,474 francs a été répartie entre les familles par les dames patronesses.

Chaque année, au 15 août et au 16 mars, le gouvernement accordait à chacune de ces Sociétés une subvention d'environ mille francs.

En 1870, il existait soixante-dix-huit Sociétés de Charité maternelle approuvées par l'Impératrice.

LES CRÈCHES

Cette institution a pour but de donner à la mère la liberté de son temps, de ses bras et de lui permettre de se livrer au travail sans inquiétude.

La crèche s'ouvre le matin au nourrisson et le rend le soir au sein maternel. Pendant la journée, les personnes attachées à ces établissements prennent soin de l'enfant, le bercent quand il a besoin de repos, l'amusent lorsqu'il a besoin d'exercice. Enfin, elles remplissent les devoirs de la mère absente.

En 1868, il existait vingt-deux crèches dont l'organisation avait été approuvée par l'Impératrice. Ces institutions ont recueilli 2,352 enfants qui ont fourni 160,000 journées de présence et ont occasionné une dépense de 85,500 francs.

LES SALLES D'ASILE

Quand l'enfant a deux ans, la salle d'asile hérite de la crèche. A la fin de l'Empire, il y avait environ quatre cents établissements de ce genre. Les enfants y recevaient les soins de surveillance maternelle et les premières notions de religion, de lecture, de calcul et même de chant.

Les filles apprenaient, en outre, les premiers travaux d'aiguille. La santé de ces petits êtres a été également l'objet d'une surveillance constante : un médecin était attaché à chaque asile et devait le visiter au moins une fois par semaine.

Les salles d'asile ont été placées sous le patronage de l'Impératrice, le 16 mai 1854.

HOSPICE DES ENFANTS MALADES

Frappée de cette pensée qu'il n'existait, à Paris, aucun hôpital exclusivement affecté aux maladies de l'enfance, à l'exception de celui de la rue de Sèvres, l'Impératrice fondait, en 1854, au centre du faubourg Saint-Antoine, une maison hospitalière de quatre cents lits destinés aux enfants malades.

En 1861, Sa Majesté complétait l'œuvre précédente

par la création, à Berk-sur-Mer, d'un hospice maritime destiné aux enfants scrofuleux ou chétifs. En 1869, l'Impératrice allait à Berk, accompagnée du Prince Impérial, inaugurer l'hôpital Napoléon, où près de huit cents enfants des deux sexes peuvent suivre le traitement de l'hydrothérapie marine.

LES PUPILLES DE LA MARINE

C'est encore à S. M. l'Impératrice qu'appartient la création de l'Ecole des pupilles de la marine, où, depuis 1862 sont admis, à l'âge de sept ans, les orphelins et les enfants de marins. Les élèves y reçoivent une instruction élémentaire, morale et professionnelle jusqu'à l'âge de treize ans, époque à laquelle ils passent à l'Ecole des mousses.

LA MAISON EUGÈNE NAPOLÉON

Avant de ceindre le diadème, l'Impératrice devait gagner tous les cœurs par un de ces actes qui ne pouvaient étonner que ceux qui ne la connaissaient pas, que ceux qui ne savaient pas que son inépuisable bonté allait rivaliser avec celle de Napoléon III.

Le conseil municipal de Paris, jaloux d'offrir à la fiancée de l'Empereur un témoignage de dévouement, vota une somme de six cent mille francs destinée à lui offrir une parure de diamants.

Informée de cet hommage, l'auguste Souveraine adressa au préfet de la Seine la lettre suivante :

« Monsieur le Préfet,

» Je suis bien touchée d'apprendre la généreuse décision du conseil municipal de Paris, qui manifeste ainsi son adhésion sympathique à l'union que l'Empereur contracte. J'éprouve néanmoins un sentiment pénible, en pensant que le premier acte public qui s'attache à mon nom, au moment de mon mariage, soit une dépense considérable pour la ville de Paris. Permettez-moi donc de ne point accepter votre don, quelque flatteur qu'il soit pour moi; vous me rendrez plus heureuse en employant en charités la somme que vous aviez fixée pour l'achat de la parure que le conseil municipal voulait m'offrir. Je désire que mon mariage ne soit l'occasion d'aucune charge nouvelle pour le pays auquel j'appartiens désormais, et la seule chose que j'ambitionne, c'est de partager avec l'Empereur l'amour et l'estime du Peuple français.

» Je vous prie, Monsieur le Préfet, d'exprimer à votre conseil toute ma reconnaisssnce, et de recevoir, pour vous, l'assurance de mes sentiments distingués.

» EUGÉNIE, comtesse de TÉBA.

» Palais de l'Élysée, le 26 janvier 1853.

Pour se conformer à ce vœu, le conseil municipal décida que les six cent mille francs seraient employés à la fondation d'un établissement où de jeunes filles recevraient une éducation professionnelle et d'où elles ne sortiraient que pour être convenablement placées. Cet établissement fut ouvert, en 1857, au faubourg Saint-Antoine, pour trois cents jeunes filles. Il a été placé sous la protection de l'Impératrice.

L'ORPHELINAT DU PRINCE IMPÉRIAL

La naissance du Prince Impérial devait être l'occasion naturelle d'une nouvelle fondation; en effet, le 24 mai 1856, une souscription est ouverte à Paris dans le but d'offrir à S. M. l'Impératrice et à son fils un témoignage de gratitude et de dévouement. Afin que cette souscription fût à la portée de tous, les comités organisés, sous la direction des maires, avaient décidé que le chiffre serait limité entre cinq et ving-cinq centimes. Une somme de quatre-vingt mille francs fut ainsi réalisée par six cent mille souscripteurs.

La lettre suivante, adressée par le ministre de l'intérieur, au nom de l'Impératrice, aux présidents des divers comités de souscription, fait connaître l'usage que Sa Majesté désire faire du produit de cette souscription :

« L'Impératrice acceptera avec gratitude ces volumes de signatures, éloquents témoignages des sentiments d'affection de la population parisienne ; mais quant aux sommes produites par la souscription, vous lui permettrez d'en faire, comme des six cent mille francs votés, lors du mariage, par le conseil municipal, une œuvre de bienfaisance pour les enfants du Peuple. Patronne des Sociétés de Charité maternelle et des salles d'asile, Elle désire placer sous le patronage de son Fils les pauvres orphelins ; Elle veut que le malheureux ouvrier, enlevé prématurément à sa famille, emporte du moins, en mourant, la consolante pensée que la bienveillance impériale veillera sur ses enfants. Mais il ne s'agit pas seulement de leur assurer la ressource ordinaire d'une maison de refuge, l'Impératrice a puisé dans son cœur une idée plus touchante : sous le patronage du Prince Impérial, une commission permanente et gratuite, présidée par le ministre de l'intérieur, recherchera en même temps dans Paris et les orphelins et les honnêtes ménages d'ouvriers qui, moyennant une subvention annuelle, voudront prendre chez eux ces pauvres enfants, les élever, leur donner une nouvelle famille et l'apprentissage d'un état.

« Cette œuvre, sans autres frais que ceux de l'allocation même, qui pour chaque enfant devra toujours être largement calculée, profitera presque autant à la famille adoptive qu'à l'orphelin qui lui sera confié, et l'Impératrice aura ainsi réalisé la pieuse et délicate pensée de donner à ces pauvres petits êtres, que la mort a privés de leur soutien, non pas l'abri d'un hospice, mais l'appui, l'affection, les soins d'une nouvelle famille.

« Au revenu produit annuellement par le montant de la souscription placé en rentes sur l'Etat, l'Empereur, chaque année, et jusqu'à ce que son Fils puisse le faire lui-même, ajoutera sur sa cassette les trente mille francs nécessaires pour que cent orphelins au moins soient toujous ainsi patronnés... »

Ainsi fut fondé l'Orphelinat du Prince Impérial ; l'Impératrice faisait de son fils le patron des pauvres orphelins et l'Empereur assurait à cette touchante institution une dotation annuelle de trente mille francs.

Hélas ! le père et le fils ne sont plus : tous deux sont morts ; ils reposent à côté l'un de l'autre sur une terre étrangère en attendant que le Peuple français, dans un élan de patriotisme et de reconnaissance, réclame leurs cendres pour les déposer sous le dôme des Invalides, près du fondateur de la dynastie Napoléonienne qui, comme eux, a tant aimé la France.

LA SOCIÉTÉ DU PRINCE IMPÉRIAL.

Toujours empressée à venir en aide à ceux qui souffrent, toujours attentive à rechercher les causes de la misère, S. M. l'Impératrice a été frappée des grandes difficultés qu'éprouvent trop souvent les hommes, qui vivent de leur labeur, lorsqu'ils ont à emprunter un petit capital pour acheter des instruments nécessaires à leur métier. Pour remédier à cet état de choses, Sa Majesté résolut d'adoucir autant qu'elle le pourrait ces difficultés, en créant une institution qui prit le nom de *Société du Prince Impérial*. Le but de cette Société était d'aider les travailleurs, qui n'ont d'autres gages que leurs bras et leur honnêteté, à acquérir des instruments, outils, ustensiles, mobiliers ou matières premières, soit à venir en aide aux besoins accidentels et temporaires des familles laborieuses.

Deux exemples suffiront pour faire connaître les services que pouvait rendre cette Société :

L'outillage nécessaire à la profession d'ouvrier bijoutier est très dispendieux. Ceux qui ne le possèdent pas sont obligés de le louer à des conditions fort onéreuses. Ils acquittent le prix de cette location en prélevant sur leur salaire quotidien une somme relativement importante. Eh bien, en obtenant un prêt de la Société du Prince Impérial, l'ouvrier pouvait acheter son outillage, il en devenait propriétaire par le moyen de petits versements, et, la somme une fois remboursée, son avenir se trouvait assuré.

Mme veuve Pont habitait, en 1869, une des banlieues de Paris. Sa famille se composait de neuf membres, dont six enfants en bas âge. Étant dans le besoin, elle s'adressa à la Société du Prince Impérial, qui lui donna une somme de trois cents francs. Grâce à ce secours, elle put acheter une machine à coudre, et bientôt l'aisance reparut dans la famille.

Les services que cette Société rendit furent considérables. Depuis le 26 avril 1862, époque de sa fondation, jusqu'au 31 mars 1870, les prêts faits dans le département de la Seine se sont élevés à 23,678, représentant une somme de 6 millions 483,063 francs. Ceux faits pour les départements ont été de 1,882, représentant une somme de 797,944 francs.

L'IMPÉRATRICE ET LES JEUNES DÉTENUS.

Le 19 juin 1865, l'Impératrice Eugénie visita les jeunes détenus de la maison d'éducation correctionnelle de la Petite-Roquette. Sa Majesté a parcouru successivement toutes les parties de la prison. Cette visite, qui dura quatre heures, a provoqué une amélioration heureuse. Dès le lendemain, une commission fut nommée pour examiner si le système de détention était conforme à la loi et aux principes de l'humanité.

Depuis cette époque, les petits prisonniers sont transférés dans des colonies agricoles où on les exerce en même temps aux travaux des champs et du jardinage, de manière à leur inspirer le goût de l'agriculture et à leur enseigner une profession qui les retienne plus tard à la campagne.

Quelques semaines après, l'Impératrice allait visiter les jeunes détenues dans la maison d'arrêt de Saint-Lazare. Comme à la Petite-Roquette, Sa Majesté a examiné toutes les dépendances de l'établissement. Ensuite Elle s'est renseignée auprès des religieuses des causes de leur détention et des soins dont elles sont l'objet.

En parcourant l'infirmerie, l'Impératrice apprend qu'une jeune fille est prête à rendre le dernier soupir. Aussitôt elle s'est approchée du chevet de la mourante, et, joignant ses prières à celles des bonnes sœurs, lui a adressé, d'une voix émue, les plus douces consolations.

CITÉS OUVRIÈRES ET LOGEMENTS INSALUBRES.

L'habitation est une des choses les plus importantes de la vie du pauvre et de l'ouvrier. C'est le centre de ses affections, c'est le lieu de son repos ; c'est là, qu'après les longues fatigues d'une journée passée au loin, il trouve les délassements, les joies et les peines de la famille ; pour les enfants, c'est la résidence presque continue du jour et de la nuit ; c'est l'horizon tout entier !

Il est peu de spectacle plus attachant que celui de l'humble logis où préside une industrieuse sollicitude, où brille une simple et rigoureuse propreté.

Par le crédit, l'ouvrier verra se développer ses ressources ; bientôt il aspirera à devenir propriétaire ; une combinaison nouvelle le lui permettra : il aura sa maison, son jardin. Moyennant un modique paiement, prélevé périodiquement sur son salaire, il aura acquis au bout de quelques années, la propriété du foyer près duquel croît et prospère sa jeune famille.

Ce précieux avantage de la propriété ou de logements à bon marché, le travailleur en est redevable à l'Empereur Napoléon III, qui, en 1869, fit construire à Paris, rue Rochechouart, la première cité ouvrière. Depuis cette époque, il fit élever successivement plusieurs maisons pour les ouvriers au boulevard Mazas (aujourd'hui Diderot), rue de Reuilly et boulevard d'Enfer.

Un peu plus tard, il fait construire, avenue Daumesnil, près du bois de Vincennes, quarante-deux maisons pourvues d'un aménagement spécial ; il en a fait don à la *Société coopérative immobilière des ouvriers de Paris,* dont le siège social est rue du Foin, 8.

L'exemple donné par l'Empereur a été suivi dans beaucoup de villes, notamment dans le Nord.

Pour encourager les manufacturiers à entrer dans cette voie, le gouvernement impérial leur venait en aide : dès l'année 1852, une somme de dix millions est affectée à l'amélioration des logements d'ouvriers dans les grandes villes manufacturières. Dans la même année, l'Empereur fonde un prix de cinq mille francs, en faveur de l'architecte qui présentera le meilleur projet de logements à bon marché.

En 1854, un traité est conclu pour construire cent quatre-vingt-deux maisons destinées aux ouvriers; la dépense fut évaluée 1,550.000 francs.

Plus tard, en 1859, l'Empereur envoie sur sa cassette particulière une somme de cent mille francs, pour la construction et l'assainissement des logements des ouvriers de Lille. Dans le même but, il envoie dix mille francs à Amiens et soixante mille francs à Bayonne.

Des subventions importantes étaient, en outre, accordées à des Sociétés ouvrières, notamment trois cent mille francs à celle de Mulhouse.

L'ŒUVRE DES LOYERS.

Sous ce règne glorieux, on ne faisait pas de phrases sentimentales; on ne bornait pas son amour pour le Peuple à des programmes retentissants qui n'aboutissent à rien d'efficace, on agissait sans bruit, sans réclame d'aucune sorte; on faisait le bien pour lui-même, sans chercher la reconnaissance de ceux à qui on le faisait.

A l'approche des termes, principalement celui de janvier, qui est un des plus terribles de l'année, le préfet de police avait l'ordre de transmettre à tous les commissaires de quartier de ne point laisser aucun malheureux sans abri, et de garantir aux propriétaires les sommes dues par leurs locataires en retard.

Qui donc donnait ces ordres et qui veillait avec une si paternelle affection sur les pauvres ? C'était encore l'Empereur dont la charité était inépuisable.

L'IMPÉRATRICE DAME DE CHARITÉ

A côté de l'Empereur, il y avait l'Impératrice qui possédait mieux que personne le don précieux de savoir faire le bien. Elle le mettait en pratique, non comme un des devoirs de sa situation, mais par la nature même de son cœur, essentiellement dévoué et compatissant.

L'Impératrice s'était d'elle-même improvisé dame de charité; elle avait organisé autour de sa cassette particulière une véritable escouade de personnes dévouées, spécialement chargées de recueillir dans Paris les noms et les domiciles des familles malheureuses, que leur situation excluait pour ainsi dire de la faveur des dons publics. Lorsque quelque douleur de ce genre lui était signalée, on la voyait alors, en hiver surtout, par les temps les plus rudes et les froids les plus glacials, sortir seule des Tuileries, vêtue d'un costume sombre, poussant les soins de son déguisement jusqu'à porter des lunettes bleues, et s'en aller par la ville, suivie d'un serviteur fidèle, à la recherche de ses protégés. Elle montait dans les mansardes et venait s'asseoir près du grabat où se tenait affaissé par la maladie, la misère ou l'abandon, l'ouvrier malheureux et père de famille. Elle apportait des consolations et du courage pour tous, laissant toujours une somme suffisante à la maison pour aider tout le monde à traverser les mauvais jours.

BAINS ET LAVOIRS PUBLICS

A côté de besoins impérieux qui ont pour cause la souffrance, et pour résultats la maladie et la mort, il en est d'autres qui, pour paraître moins exigeants, n'en ont pas moins une influence incontestable sur le

bien-être physique et moral de l'homme. La propreté
est un de ces besoins. Mais, il faut le reconnaître, la
propreté est, à Paris surtout, un surcroît de dépenses. Dans les familles nombreuses, le linge, si
rare et qui se renouvelle si peu, ne se lave qu'au prix
de lourds sacrifices.

Dès son avénement au pouvoir, l'Empereur s'occupa
de remédier à la cherté excessive de l'eau; le 17 novembre 1849, il créa une commission pour l'examen
et l'étude des moyens d'établir, à Paris et dans les
grands centres de population, des lavoirs et des bains
publics gratuits ou à prix réduits.

En 1851, une loi ouvre un crédit de six cent mille
francs pour encourager la création de ces établissements.

L'année suivante, l'Empereur décide qu'il sera créé
dans les trois quartiers les plus pauvres de Paris,
trois établissements de bains et lavoirs publics, et
que tous les frais seront prélevés sur sa cassette particulière.

LES FOURNEAUX ÉCONOMIQUES

L'Empereur ne fonde pas seulement des hôpitaux,
des asiles, des orphelinats, etc., il pense que l'ouvrier
a besoin de secours momentanés, quand il n'a pas
d'ouvrage ou qu'une circonstance imprévue retire du
pauvre ménage une somme d'argent qui lui est nécessaire.

A l'approche du froid, le bois et le charbon deviennent indispensables, c'est un surcroît de dépenses pour
les familles. Afin de leur procurer la vie à bon marché, l'Empereur créa des fourneaux économiques.

A Paris et à Lille, on distribuait des portions de
bonne qualité dont les prix variaient de cinq à dix
centimes. On peut voir par quelques chiffres les résul-

tats auxquels aboutirent ces utiles innovations : A Paris, huit fourneaux distribuèrent, du 1er au 29 mai 1867, 166,347 portions de viande, 248,881 portions de bouillon, 267,514 portions de légumes secs, 46,145 portions de riz, 5,304 portions de pommes de terre, 510,565 portions de pain. —Total : 1,244,756 portions en vingt-neuf jours.

Les fourneaux économiques commencèrent à fonctionner en 1855; l'année suivante, ils reçurent de l'Empereur une subvention annuelle de cent mille francs.

SOCIÉTÉS DE SECOURS MUTUELS

De tout temps les classes ouvrières ont été en butte à des souffrances produites tour à tour par l'interruption du travail, par les maladies, par la cherté excessive des subsistances, etc. Mais on n'a pas songé à chercher un remède pour subvenir à ces détresses momentanées des classes ouvrières. Ainsi abandonnés à eux-mêmes, les travailleurs ont fait des efforts pour se mettre à l'abri de ces terribles surprises de la misère. De là des associations dont les membres s'obligeaient à verser, dans une caisse commune, des cotisations, et moyennant ces cotisations chacun d'eux, en cas de besoin prouvé, avait droit à l'assistance de la mutualité. Toutefois, ces associations ne prospéraient pas. Elles ne furent créées qu'en quelques endroits et pour des industries spéciales; mal vues de l'autorité, exigeant des frais d'administration, manquant de surveillance et partant de garanties de probité, elles n'inspiraient pas, en général, de confiance aux intéressés, qui, d'ailleurs, n'y trouvaient pas toujours les secours qu'ils en attendaient.

Que fallait-il à ces associations pour devenir des institutions efficacement protectrices, étendues indistinctement à toutes les classes de travailleurs? Une autorité assez forte, assez populaire pour ne pas prendre ombrage de leur existence. et qui. bien loin de la, s'attacherait à procurer aux associations de mutualité ce qui leur faisait défaut pour se généraliser.

Le gouvernement de l'Empereur Napoléon III n'a pas attendu longtemps pour manifester que, seul, il était et pouvait être cette autorité tutélaire du bien-être et de la dignité des travailleurs. Dès le 15 juillet 1850, les Sociétés de Secours mutuels étaient déclarées établissements d'utilité publique. Il y avait un très grand avantage pour elles à obtenir ce droit, car du moment où elles étaient autorisées, elles pouvaient recevoir des donations et des legs, ce qui arrive assez souvent.

Ainsi encouragées, les Sociétés de secours mutuels se développèrent et se multiplièrent considérablement. En 1851, il n'en existait que 2,237, ayant un personnel de 20,192 membres honoraires et 255,472 membres participants. A la fin de l'année 1869, on en comptait 6,119; le nombre des membres participants s'élevait à 785,387, et celui des membres honoraires à 116,716.

L'avoir total de ces Sociétés était, au 31 décembre 1868, de 49,906,855 francs, sur lesquels les Sociétés approuvées possédaient une somme de 34,226,180 fr.

Nous avons la conviction que les Sociétés de secours mutuels, scientifiquement réglées, universellement répandues, avec une extension suffisante d'attributions, fourniront la solution la plus pratique et la plus heureuse du redoutable problème de la misère dont elles circonscrivent le champ. Nous avons la conviction qu'elles fortifient les croyances, élèvent le niveau de la moralité générale. et qu'elles doivent contribuer à détruire ce qui ressemblerait à l'antagonisme des classes, tout en augmentant l'éducation du pays, et développant toutes les aptitudes professionnelles qui concourent à la richesse de l'Etat.

Au sujet des Sociétés de secours mutuels, signalons, pour mémoire, le fait suivant qui s'est passé il y a quelque temps.

En 1869, l'Empereur eut l'intention de fonder une Société de secours mutuels pour les anciens officiers; il versa une somme de cinq cent mille francs à la Caisse des Dépôts et consignations pour faire les premiers fonds de cette Société. Malheureusement les événements de 1870 survinrent. La Société ne fut pas établie. Sous le gouvernement de M. Thiers, on déclara qu'il n'y avait pas lieu de donner suite à cette affaire. Un peu plus tard, le vice-amiral Choppart essaya de reconstituer cette Société ; il s'adressa au ministre de l'intérieur qui d'abord accepta sa demande, puis la repoussa....

CAISSE DES RETRAITES

Quand l'âge du repos est arrivé, l'épargne des années de travail doit assurer à l'ouvrier l'aisance ou du moins des ressources suffisantes. Le gouvernement de l'Empereur lui vient encore en aide par cette institution protectrice.

La Caisse des retraites pour la vieillesse a pris un essor que l'avenir doit développer encore. Le capital de ces retraites est formé par les versements volontaires des déposants effectués à la Caisse des Dépôts et consignations. Cette Caisse a été créée par une loi en date du 18 juin 1850. Les sommes affectées à la constitution de ces fonds de retraite formaient, au 31 décembre 1868, un capital de 13,289,705 francs, auxquels il faut ajouter une somme de 392,943 francs, prélevée sur le revenu de la dotation spéciale, et accordée, en 1869, à titre d'encouragement, à 1,192 Sociétés approuvées, qui, ns le courant de 1868, ont fait un versement à leur fonds de retraite.

Là encore nous trouvons la main bienfaisante de l'Empereur. En 1852, il décida que le produit annuel (20,000 francs) de la location des chaises et du café du jardin des Tuileries, serait affecté à fonder une Caisse de retraite et de secours mutuels pour les employés et ouvriers des manufactures de Sèvres, des Gobelins, etc. Par les mêmes motifs et dans une pensée analogue, il mit à la disposition du maire de Versailles une somme annuelle de 15,000 francs.

A l'occasion de la naissance du Prince Impérial, Napoléon III ajoute cinq cent mille francs aux fonds de retraite des Sociétés approuvées de secours mutuels. En outre, il accorde sur les fonds de sa liste civile une somme de dix mille francs à la Caisse de l'Association des médecins du département de la Seine, et dix mille francs à chacune des Caisses de secours des six Associations des Auteurs dramatiques, Gens de lettres, Artistes dramatiques, Artistes musiciens, Artistes peintres et Inventeurs.

L'Empereur ne pense pas seulement qu'à l'ouvrier, c'est encore le prêtre âgé ou infirme qui est l'objet de sa sollicitude. Après avoir prodigué ses veilles et ses soins à ceux que Dieu a confiés à sa garde, doit-il rester sans ressources ? Le gouvernement impérial résolut cette question en créant le 18 juillet 1854, une Caisse de retraite pour le prêtre âgé ou infirme, et en affectant à cette création une somme de cinq millions.

CAISSES D'ÉPARGNE

Le développement des institutions est un des signes les plus certains du progrès moral d'un peuple. Ici encore les faits et les chiffres empruntés aux principaux établissements de ce genre témoignent d'une amélioration considérable. Ainsi, en 1847, il n'y avait que 364 Caisses d'épargne et 175 succursales ; en 1868, le nombre était de 503 Caisses et de 598 succursales.

Les livrets existant, au 31 décembre 1847, étaient de 736,951. A la fin de l'année 1868, ils étaient de 1,971,523.

Le capital appartenant aux déposants s'est élevé, dans la même période, de 358,405,924 francs à 633,238,270 francs, c'est-à-dire que sous l'Empire l'épargne avait doublé.

Aujourd'hui, le système est changé, on va au Mont-de-Piété.

CAISSES D'ASSURANCES

Les Sociétés de secours mutuels, les Caisses d'épargne et la Caisse des retraites, qui garantissent l'ouvrier contre les maux résultant du chômage, de la vieillesse et de la maladie, laissaient subsister une lacune regrettable. L'ouvrier n'avait aucun moyen de s'assurer contre les accidents qui atteignent en si grand nombre les travailleurs des villes et des campagnes, et qui sont suivis de la mort ou d'une incapacité permanente de travail. D'un autre côté, les Compagnies d'assurances sur la vie ne peuvent, à raison de leur organisation, se prêter à des opérations au-dessous d'un certain chiffre, encore assez élevé. Il en résultait que cette forme si louable de la prévoyance était interdite aux petites bourses, et que l'ouvrier ne pouvait assurer à sa mort un modeste capital à sa femme et à ses enfants.

L'Empereur avait voulu combler cette double lacune par la loi du 11 juillet 1868, qui instituait, avec le concours de l'Etat, deux Caisses destinées à faciliter les plus petites assurances et à donner aux ouvriers des villes et des campagnes, moyennant de minimes cotisations annuelles (3, 5 et 8 francs), les moyens de s'assurer des pensions viagères, en cas d'accidents suivis d'infirmités, ou de garantir des secours à leurs veuves et à leurs enfants mineurs.

Ces Caisses ont commencé à fonctionner le 1er janvier 1869. En dix mois, la Caisse d'assurances en cas de décès a reçu 128 assurances, représentant un capital assuré de 285,900 francs. Pendant la même période, la Caisse d'assurances en cas d'accidents a reçu 597 assurances. C'est peu, sans doute, mais il faut espérer que, dans un avenir prochain, ces institutions recevront une nouvelle impulsion et suivront les traces de leurs devancières.

Pour faciliter les moyens de s'assurer, le gouvernement impérial avait autorisé les trésoriers généraux, les receveurs particuliers des finances, les percepteurs des contributions directes et les receveurs des postes à recevoir les versements.

La première application de cette loi a eu lieu, le 1er avril 1869, en faveur d'un brave ouvrier maçon, nommé Girondeau, employé aux travaux de restauration du château de Saint-Germain. Par suite d'un accident qui l'a mis dans l'incapacité absolue de travailler, la Caisse d'assurances en cas d'accidents a fait inscrire à son profit, au Grand-Livre de la dette publique, une rente viagère de 384 francs. Une cotisation de 8 francs, versée quelques jours avant l'accident, a suffi pour lui assurer le bénéfice de cette rente.

ORGANISATION DES MESS

Après la guerre de Crimée, en 1856, on voulut créer des mess (table à laquelle les officiers célibataires de tout régiment et de tout grade devaient prendre leur repas); quatre régiments furent autorisés à faire des essais.

L'Empereur, qui s'occupait sans cesse et avec un intérêt paternel de créer des institutions propres à améliorer le sort des officiers, à relever leur moral et à cimenter l'esprit militaire et l'esprit de corps, fournit sur sa cassette les premiers frais d'installation. Il donna 17,167 francs au 1er régiment de grenadiers ; 15,000 francs au 3e ; 15,000 francs au 1er de cuirassiers ; 10,000 francs au régiment d'artillerie à cheval.

CAISSE DES OFFRANDES NATIONALES

En 1859, au moment où éclata la guerre d'Italie, une souscription nationale, ouverte par les soins de l'Impératrice, pour venir en aide aux veuves et aux orphelins de nos soldats, produisit une somme de 5,680,000 francs. Ce capital a servi de dotation à un établissement déclaré d'utilité publique, sous le nom de *Caisse des offrandes nationales en faveur des armées de terre et de mer*. Au 1er août 1867, elle comptait six mille deux cents pensionnaires.

LA SOCIÉTÉ DE SAUVETAGE DES NAUFRAGÉS

Le sort des gens de mer a aussi sa part de protection. Battu par la tempête, un navire va périr sur la côte ; impuissants, éperdus, les matelots invoquent Notre-Dame de Bon-Secours. Tout à coup, du rivage part en sifflant et tombe à bord une amarre ; un canot s'avance intrépidement à force de rames ; l'équipage est sauvé.

Qui envoie ces secours suprêmes ? C'est l'Impératrice, patronne de la Société de Sauvetage des naufragés.

Cette Société, reconnue d'utilité publique, le 17 novembre 1865, a déjà installé un grand nombre de stations de sauvetage, munies de canots insubmersibles et de porte-amarres ; les populations maritimes savent combien de navires en détresse et de matelots en péril cette institution a déjà arrachés à la mer.

Depuis sa fondation jusqu'au 26 mai 1876, cette Société avait sauvé 1,288 personnes, sauvé ou secouru 347 bâtiments. Quant aux récompenses décernées, elles comprennent : 10 médailles d'or, 67 médailles d'argent, 182 médailles de bronze, 306 diplômes d'honneur.

SOCIÉTÉ DE NOTRE-DAME DE BON-SECOURS

Informée des misères dont les accidents de mer rendent si souvent victimes les marins et leurs familles, l'Impératrice Eugénie a voulu leur assurer des secours efficaces ; elle a créé dans cette pensée une Association d'assistance mutuelle entre tous les marins de Dieppe et de la circonscription maritime. Le but de cette Société est de venir en aide aux marins vieux et infirmes, ainsi qu'aux familles qui auront perdu à la mer quelques-uns de leurs membres, ou qui, par suite d'accidents de mer, se trouvent dans une position nécessiteuse.

Une somme de 15,000 francs a été donnée par l'Impératrice, fondatrice de cette Société.

En 1853, Sa Majesté avait doté de 40,000 francs un établissement de cette ville, dirigé par les sœurs de la Providence, où sont entretenues et élevées des orphelines, et où de jeunes filles pauvres reçoivent l'instruction primaire en même temps qu'elles apprennent la fabrication des dentelles.

REFUGES DANS LES MONTAGNES

Ce n'est pas dans les villes seulement que la sollicitude paternelle de Napoléon III s'étend aux classes souffrantes. Partout où il y a une douleur à soulager, des malheurs à prévenir, on est sûr de trouver la main bienveillante de Sa Majesté. Ainsi, dans les contrées des Hautes-Alpes, l'Empereur a ordonné la fondation de refuges sur tous les cols de montagnes. Ingénieuse imitation de l'établissement du mont Saint-Bernard, ces refuges sont destinés à offrir un abri aux voyageurs surpris par la tourmente ou arrêtés par l'amoncellement des neiges ou la chute des avalanches. Ces refuges, inaugurés en 1855, ont déjà arraché à la mort de nombreuses victimes. En 1867, l'hospice du mont Genève a secouru 4,127 voyageurs ; l'année suivante, le nombre a été de 6,083.

LA MÉDECINE GRATUITE

Tous les malades indigents ne sont pas à proximité d'un hôpital, où d'ailleurs ils ne pourraient tous être reçus ; mais les secours ne leur manquent pas : à côté des bureaux de bienfaisance. qui ont pris une extension considérable, la médecine gratuite, pour les pauvres des campagnes, a été organisée, en 1855, par l'initiative de l'Empereur.

En 1853, un service de traitement à domicile, pour les pauvres de Paris, fut créé également d'après ses ordres.

Précédemment, la médecine gratuite n'était organisée que dans les départements de la Moselle et du Loiret. En 1869, ce service fonctionnait dans cinquante et un départements ; 750,000 personnes des campagnes ont profité des bienfaits de la médecine gratuite. Les dépenses ont été de 1 million 200,000 francs.

HOSPICE DES INCURABLES

Nous avons vu qu'à l'occasion de son mariage, l'Empereur avait fait placer dans la corbeille de l'Impératrice un portefeuille contenant 250,000 fr., et que sur cette somme, 100,000 francs ont été répartis entre les Sociétés de Charité maternelle; par les ordres de l'Impératrice, les 150,000 francs restant seront employés à la fondation de nouveaux lits à l'hospice des Incurables, en faveur des pauvres infirmes des deux sexes, et dont la désignation appartiendra à Sa Majesté.

C'est ainsi que, dès le premier jour, la mère et le vieillard devenaient la grande préoccupation de Celle qui ne devait jamais les abandonner.

HOSPICE CIVIL DE BASTIA

L'Impératrice devait donner une nouvelle preuve de son inépuisable charité, en fondant, à Bastia, le troisième établissement de ce genre que possède l'île de Corse, et auquel on a donné le nom d'hospice Sainte-Eugénie. Sa Majesté a posé la première pierre de cet établissement, le 28 août 1869, lors du voyage qu'elle fit en Corse, accompagnée du Prince Impérial.

HOSPICES ET HOPITAUX

Le tableau de la situation des hôpitaux et hospices de l'Empire, publié en 1869, contient les renseignements les plus précis et les détails les plus instructifs, non-seulement sur la situation financière des établissements, mais encore sur leur origine, leur régime administratif et leur organisation économique, ainsi que sur les améliorations réalisées depuis 1852.

Voici l'énumération de ces résultats :

Au 1er janvier 1869, il existait en France 1,557 hôpitaux ou hospice régis par 1,382 commissions administratives, savoir : 415 hôpitaux, 291 hospices et 851 hôpitaux-hospices.

Au point de vue de l'époque de leur fondation, ces établissements se divisent de la manière suivante :

1,224 fondés avant 1790.

    10 fondés sous la première République.
    16   —   le premier Empire.
    53   —   la Restauration.
    71   —   la monarchie de Juillet.
    11   —   la seconde République.
  172   —   le second Empire.

Ce dernier chiffre représente donc à lui seul plus de la moitié des établissements créés depuis 1790. Les dons et legs faits à ces établissements, qui s'étaient élevés à 35 millions sous la Restauration, à 47 millions sous la monarchie de Juillet, ont doublé sous le règne de Napoléon III : de 1852 à 1868, *84 millions* sont venus accroître la fortune hospitalière.

Le nombre des lits, qui était en 1847 de 126,142, s'élevait à 141,576 en 1868.

On le voit, l'Empereur travaillait sans cesse à enir en aide aux déshérités de la fortune ; c'est ce ue ses ennemis appelaient la *corruption impériale*, arce qu'à cette époque on s'occupait des masses et u'on cherchait par tous les moyens à relever le aractère du travailleur.

ASILES DES CONVALESCENTS

Quand l'ouvrier sort de l'hôpital, il est guéri ; le mal a disparu, mais la faiblesse est restée. L'atelier, au sortir d'une grave maladie, serait un cas de rechute. C'est pénétré de cette pensée que l'Empereur Napoléon III établit, sur le domaine de la couronne, à Vincennes et au Vésinet, deux établissements pour les ouvriers convalescents ou mutilés dans le cours de leurs travaux.

Il suffit de donner quelques chiffres pour démontrer l'utilité de ces établissements.

En 1868, 11,640 convalescents furent admis dans l'Asile impérial de Vincennes et fournirent 188,059 journées de présence. La durée moyenne du séjour de chaque convalescent a été de seize jours, et le nombre moyen des présents de 515 par jour.

Le 2 mai 1856, l'Impératrice décida que des conférences seraient faites trois fois par semaine aux convalescents de l'Asile de Vincennes. Elle daigna, en outre, allouer sur sa cassette une somme considérable pour subvenir aux frais que pourrait nécessiter cette création.

Le 29 septembre 1859, M. le duc de Padoue, ministre de l'intérieur, inaugure, au nom de l'Empereur, l'Asile du Vésinet. Cet établissement reçoit les ouvrières. Là encore les chiffres démontrent combien ces maisons rendent de services. Pendant l'année 1868, 6,602 femmes entrèrent à l'Asile du Vésinet et fournirent 123,059 journées de présence auxquelles s'ajoutèrent 15,585 journéer de nourrissons. Le nombre moyen des convalescentes a été de 337 par jour.

L'Asile de Vincennes a coûté 3,070,000 francs et celui du Vésinet 1,500,000 francs.

Les ouvriers du Rhône n'ont rien à envier à ceux de la Seine, car le 9 juillet 1866, l'Impératrice acheta, au prix de deux cent mille francs, le château de Longchêne, près de Lyon, pour y établir, sur le modèle des précédents, une maison de convalescence.

Trois ans après, l'Empereur faisait l'acquisition de la propriété de Lamothe-Sanguin, près Orléans, pour y fonder un établissement en faveur des ouvriers convalescents du Loiret, à leur sortie des hôpitaux d'Orléans. Malheureusement une faction d'ambitieux, honteusement alliés aux Prussiens, profitèrent de nos revers et de la captivité du Souverain, élu par la Nation, pour s'emparer du pouvoir. Le bienfaiteur du Peuple ayant été ainsi précipité du trône, les ouvriers du Loiret sont privés de cet établissement.

Dernièrement, S. M. l'Impératrice a fait don de sa propriété du Pharo à la ville de Marseille.

AUMONIERS DES DERNIÈRES PRIÈRES

Le pauvre a fini sa dernière misère : une bière nue, un chien qui suit tête basse, voilà le drame qu'a représenté un tableau popularisé par la gravure : *le Convoi du Pauvre*. D'avance, on entrevoit le fossoyeur qui, d'un pied banal, va pousser le corps dans la fosse commune, sans qu'une prière amie s'élève au Ciel pendant que tombe la première pelletée de terre.

L'Empereur fut un jour frappé de ce pénible pectacle. Sachant que le clergé paroissial de Paris 'est pas assez nombreux pour accompagner tous les orts au cimetières, et que les familles peu aisées taient ainsi privées d'un prêtre, il établit le 21 mars 852, des aumôniers spéciaux, lesquels, *à la demande es parents*, accompagnaient *gratuitement* les corps jusqu'à la fosse et récitaient les prières de l'Eglise.

La même pensée fit créer un emploi d'aumônier de la flotte, chargé de centraliser et de diriger le service religieux à bord des navires de guerre. afin que le matelot, jeté à travers les périls de la mer, ne fût pas privé des secours de la religion.

Aujourd'hui les aumôniers des dernières prières n'existent plus, les républicains les ont supprimés.

Ici s'arrête notre tâche.

Eh bien ! Peuple, mon ami, étudie le tableau rapide, et nécessairement incomplet, des grands travaux et des œuvres d'assistance réalisés sous Napoléon III ; compare le à l'œuvre des règnes les plus bienfaisants et les plus populaires, et tu reconnaîtras que jamais Souverain — sauf Napoléon 1er — ne mérita mieux l'amour et la reconnaissance des déshérités de la fortune, et que seul un NAPOLÉON peut rendre la France grande et prospère.

ALEXANDRE BRADIER

Ouvrier typographe.

Paris, 2 Octobre 1883.

TABLE

Paris-Imp. LEFEBVRE. Pass. du Caire. 87-89 — 4931-85